ISM Working Paper No. 17

Carlotta Böge; Jens K. Perret;
Janine Netzel

Die Effekte der Zielorientierung auf den Berufserfolg – Erste empirische Befunde

Böge, Carlotta; Perret, Jens K.; Netzel, Janine: Die Effekte der Zielorientierung auf den Berufserfolg – Erste empirische Befunde

Herstellung und Verlag: BoD – Books on Demand, Norderstedt

ISBN 978-3-7557-9759-3

ISM - International School of Management gGmbH

Otto-Hahn-Str. 19 · 44227 Dortmund

www.ism.de

Tel.: 0231.975139-0 · Fax: 0231.975139-39

ism.dortmund@ism.de

Böge, Carlotta; Perret, Jens K.; Netzel, Janine: Die Effekte der Zielorientierung auf den Berufserfolg – Erste empirische Befunde, Dortmund und NoderstedtMünster, BoD, 2021 (Working Paper ; 17)

ISBN 978-3-7557-9759-3

Inhaltsverzeichnis

Abbildungsverzeichnis

Tabellenverzeichnis

Abstract

Regarding their Goal orientation people can be divided into those that strife to enhance their skills (learning goal orientation / LGO) and those that aim to demonstrate their advanced skills (performance-approach goal orientation / PApGO) or hide their inferior skills (performance-avoidance goal orientation / PAvGO). The study analyzes the relation between the two dimensions of goal orientation and the career success based on a sample of 260 participants of age 50+ that are currently employed or have been so in the past.

For the LGO the expected positive relation with the career success can only be established for the self-assessed career success. Opposed to theoretical arguments the negative relation between PApGO and career success cannot be established. For the PAvGO the expected negative relation could, however, be established.

Additionally, it has been shown that an effect of conscientiousness on the relation between LGO and career success is likely.

1   Einleitung

Die Mehrheit der Menschen im Alter zwischen 20 und 65 Jahren verbringt viel Zeit in ihrem Beruf und möchte dabei erfolgreich sein (Spurk et al., 2013, 434). Beruflicher Erfolg ist dabei nicht allein für Einzelpersonen, sondern ebenso für Unternehmen relevant (Dimitrova, 2008, 134). Es verwundert daher wenig, dass Unternehmen bereits im Personalauswahlprozess Bewerber auf Determinanten des beruflichen Erfolgs wie Intelligenz und Gewissenhaftigkeit testen (Dette, 2005, 26; Ng. et al., 2005, 371). Ein Mitarbeiter, der beruflichen Erfolg verspricht, wird langfristig durch seinen Aufstieg nicht nur zusätzliche Vorteile für sich selbst erwirken. Es ist anzunehmen, dass, sofern sein Aufstieg bzw. Erfolg meritokratisch gerechtfertigt sind, er auch einen greifbaren Mehrwert für das Unternehmen liefert, in dem er beschäftigt ist.

Die Tests, die zur Messung dieser Determinanten herangezogen werden und diese Eigenschaften prüfen, sind neben dem Intelligenz-Struktur-Test 2000 R (Liepmann et al., 2007) und dem NEO-Fünf-Faktoren-Inventar nach Costa und McCrae (Borkenau & Ostendorf, 2008) auch das Bochumer Inventar zur berufsbezogenen Persönlichkeitsbeschreibung (Hossiep & Paschen, 2003). Der berufliche Erfolg lässt sich nur schwierig quantifizieren, da ihm immer auch eine subjektive Dimension zugrunde liegt. Aus diesem Grund greift die vorliegende Analyse unterschiedliche Varianten des beruflichen Erfolgs auf, die sich diesem Konzept auf unterschiedliche Weise nähern.

Motiviert durch die Relevanz dieses Zusammenhangs, nicht nur für den Einzelnen, sondern ebenso für beteiligte Unternehmen, untersucht die vorliegende

Studie, inwieweit neben den genannten Faktoren insbesondere die Zielorientierung einer Person den beruflichen Erfolg beeinflusst. Während diese Fragestellung bereits in der Literatur Beachtung gefunden hat, stellt sich darüber hinaus die Frage, inwieweit die unterstellte Beziehung zwischen den Dimensionen der Zielorientierung und dem Berufserfolg zusätzlich durch Persönlichkeitsfaktoren beeinflusst wird. Da der Faktor Gewissenhaftigkeit aufgrund bestehender wissenschaftlicher Befunde zur indirekten Relevanz des Faktors primär geeignet scheint, liefert diese Studie eine erste explorative Untersuchung ob und inwieweit eine Wechselwirkung mit dem bereits etablierten Faktor Gewissenhaftigkeit wahrscheinlich ist. Sie leistet somit einen Beitrag zur Verbesserung des Personalauswahlprozesses, was von hoher Relevanz für alle Unternehmen ist, da es zu Kosteneinsparung führt (Lorenz & Rohrschneider, 2009, 10).

Nach einer Einführung in die Terminologie, wird im zweiten Kapitel zur Absteckung des eigenen Forschungsbeitrags ein Überblick über die themenbezogene Literatur gebracht. Das dritte Kapitel stellt das verwendete Forschungsdesign dar und beschreibt den Prozess der Primärdatengenerierung.

Nach einer Beschreibung der Bereinigung des originären Datensatzes wird im vierten Kapitel ein Überblick über die verwendete Stichprobe gegeben und ihre Eignung bzw. Repräsentativität im Rahmen der angedachten Analyse diskutiert. Im dritten Teil des Kapitels erfolgen die Analyse der zugrundeliegenden Forschungsfrage und eine Diskussion der Ergebnisse.

Die Studie schließt im fünften Kapitel mit einer Ableitung personalpolitischer Handlungsoptionen und einer Diskussion der, die Studie betreffenden, Limitationen sowie der abgeleiteten Forschungsziele.

2   Definitionen und Theorieüberblick

2.1   Zielorientierungstheorie

Die Zielorientierungstheorie lässt sich zurückführen auf das Konzept der erlernten Hilflosigkeit nach Seligman (Abramson et al., 1978, 49 ff.). Probanden, die infolge von motivationalen, emotionalen und kognitiven Defiziten Ziele nicht erreicht haben, waren anschließend weniger motiviert Leistung in anderen Situationen abzurufen. Sie unterscheiden sich von denjenigen Probanden, die keine derartigen negativen Erfahrungen gemacht haben und in Folge ihre Ressourcen zielorientierter einsetzten (Dweck & Leggett, 1988). Wie von Wirthwein et al. (2018, 917) angemerkt, lässt sich die Zielorientierungstheorie somit auf motivationale Konzepte zurückführen, wobei sich die vorliegende Studie im Folgenden auf die Motivationsdefinition von Rheinberg (2008, 15) stützt.

Motivation kann dabei insbesondere durch das Anstreben eines Ziels oder die Distanzierung von einem Ziel begründet werden (Heckhausen & Heckhausen,

2006). Während beim Zielengagement weniger wichtige Wahrnehmungen ausgeblendet werden und eine Fokussierung allein auf die relevanten Aspekte des Ziels vorliegt, erfolgt bei der Zieldistanzierung eine Passivierung des Handlungsziels. Diese Erkenntnisse können auf Befunde der motivations- und volitionspsychologischen Verhaltenevolutionsforschung zurückgeführt werden (Heckhausen & Heckhausen, 2006). Ein zentrales Motiv der Motivationspsychologie sind personen- oder situationsbezogene Faktoren, impliziter wie expliziter Art, die im Folgenden kurz dargelegt werden.

Bei impliziten personenbezogenen Faktoren handelt es sich primär um fixe individuell disponierte Eigenschaften, die bereits in einem Frühstadium der eigenen Entwicklung erworben werden, wohingegen es sich bei expliziten Faktoren um sprachlich selbst attribuierte Eigenschaften handelt. Im Gegensatz dazu, handelt es sich bei Situationsfaktoren um intrinsische und extrinsische Reize mit Aufforderungscharakter, die in Situations-Ergebnis-Erwartungen (SEE), Handlungs-Ergebnis-Erwartungen (HEE) sowie Ergebnis-Folgen-Erwartungen (EFE) unterteilt werden können. Bei SEE wird davon ausgegangen, dass die Situation auch ohne aktives Handeln zu einem Ergebnis gelangt; entsprechend gering fällt die Motivation aus. Im Gegensatz zur SEE wird bei der HEE davon ausgegangen, dass das gewünschte Ergebnis durch eine bestimmte Handlung erreicht werden kann, was eine entsprechend hohe Motivation bedingt. Schließlich wird bei der EFE antizipiert, dass das Erreichen des Ziels weitere positive Folgen nach sich ziehen wird, was die Handlungsmotivation noch weiter steigert. Intrinsische Reize entstehen während einer Handlung oder beim Eintreten des Ergebnisses, wohingegen extrinsische Reize Folgen von Handlungen und Ergebnissen darstellen und nicht sofort mit ihnen einhergehen.

Sämtliche Zielorientierungen leiten sich von dem Leistungsmotiv ab. Dieses Leistungsmotiv wird in der psychologischen Forschung durch das Bestreben eines Menschen definiert, Verhalten an den Tag zu legen, welches anhand individueller Gütekriterien zur Messung und Steigerung der eigenen Produktivität verwendet werden kann (Brunstein & Heckhausen, 2006, 143 ff.).

Welche Ziele priorisiert werden, hängt von der persönlichen Zielorientierung ab und dem Vorliegen einer Lern- oder einer Leistungssituation. Daher unterscheiden Dweck and Leggett (1988, 256) und Ames and Archer (1988) zwischen einer Lernzielorientierung (LGO) und einer Leistungszielorientierung (PGO). Eine hohe LGO bedeutet bevorzugt die eigenen Fähigkeiten und Kenntnisse zu verbessern (Ames & Archer, 1988), während eine hohe PGO damit einhergeht, stark ausgeprägte Fähigkeiten zu präsentieren oder schwach ausgeprägte Fähigkeiten zu verbergen. Die PGO wird daher noch unterteilt in die Annäherungs-PGO (PApGO) und die Vermeidungs-PGO (PAvGO) (Elliot & Church, 1997; Elliot & Harackiewicz, 1996; Spinath & Stiensmeier-Pelster, 2000, 44 ff.). Gemäß Spinath and Stiensmeier-Pelster (2000, 169 ff.) spielt die situative Einbettung eine große Rolle. Die PGO wird in Situationen begünstigt, in denen Leistung gemessen wird und im Vordergrund steht, während die LGO in Situationen begünstigt wird, in denen ein Erkenntnisgewinn im Vordergrund steht. Elliott and Dweck (1988, 5 ff.) betonen, dass die Bedeutung des Selbstwerts im Fokus von LGO und PGO steht. Menschen mit einer stark ausgeprägten PGO beziehen ihren Selbstwert aus den Leistungsergebnissen, während diese bei Menschen mit einer stark ausgeprägten LGO keinen Einfluss auf ihren Selbstwert haben. Button et al. (1996, 33) und Spinath et al. (2012) stellen eine Skala bereit, die LGO und PGO eines Probanden zu messen, wobei in Button et al. (1996, 33) allerdings nicht zwischen PApGO und PAvGO unterschieden wird.

Abschließend ist darauf hinzuweisen, dass die Konzeptionalisierung der Zielerreichung in der Form, wie sie im Rahmen dieser Arbeit Verwendung findet nicht unumstritten ist. VandeWalle et al. (2001) weisen darauf hin, dass eine zweiteilige Betrachtung der PGO nicht ausreichend ist und schlagen einen alternativen dreiteiligen Ansatz vor. Elliot and McGregor (2001) hingegen schlagen eine Aufteilung der LGO analog zu der PGO in Annährungs- und Vermeidungs-LGO vor, wobei allerdings der Aspekt der Vermeidungs-LGO kritisch hinterfragt wird. Da sich abgesehen von Howell and Watson (2007) und Hulleman et al. (2010) nur wenige Arbeiten finden, die diesen vierten Ansatz im Detail betrachten und ein Einfluss auf den Berufserfolg nur bedingt etabliert werden kann, findet eine entsprechende Einteilung nicht Eingang in diese Arbeit. Aufbauend auf der Kritik von Midgley et al. (2001) argumentieren auch Harackiewicz et al. (2002), dass Anpassungen des Zielerreichungsmodells notwendig scheinen, die allerdings ebenfalls an dieser Stelle zunächst außen vor bleiben.

2.2   Berufserfolg

Dette et al. (2004, 170) weist auf das Problem hin, dass es bisher keine allgemein akzeptierte Definition des Begriffs Berufserfolg gibt. Gemäß Gasteiger (2007, 73) können Begriffe wie Berufserfolg, beruflicher Erfolg, Laufbahnerfolg, Karriere bzw. career success, vocational success und occupational success synonym verwendet werden.

Die vorliegende Studie folgt im Weiteren der Definition nach Judge and Kammeyer-Mueller (2007, 60), die Berufserfolg definieren als tatsächliche oder wahrgenommene Errungenschaften, die einzelne Personen als Folge ihrer Berufserfahrung gesammelt haben. Diese Definition steht im Einklang mit der häufig vorgenommenen Differenzierung des Begriffs in objektiven (tatsächliche Errungenschaften) und subjektiven Berufserfolg (wahrgenommene Errungenschaften) (Abele et al., 2011). Die Bewertung des objektiven Berufserfolgs basiert auf objektiven und allgemein erkennbaren Kriterien (Jaskolka et al., 1985, 189) wie der Höhe des Einkommens bzw. Gehalts, der Anzahl an Beförderungen bzw. der Hierarchieebene sowie einer Kombination derartiger Kriterien (Spurk et al., 2013, 434 f.). Subjektiver Berufserfolg im Gegensatz dazu definiert sich als die subjektive Reaktion eines Menschen auf seine eigene berufliche Laufbahn und wird daher häufig über die Zufriedenheit mit der eigenen Arbeit und der eigenen Laufbahn gemessen (Judge et al., 1999, 622). Judge et al. (1999)

und andere bezeichnen objektiven Berufserfolg bisweilen auch als extrinsischen und subjektiven Berufserfolg als intrinsischen Berufserfolg.

Dette et al. (2004, 170 f.) weist ferner darauf hin, dass sich Berufserfolg häufig über die in der jeweiligen Studie verwendete Operationalisierung des Begriffs definiert. Entsprechend wird in dieser Studie der objektive berufliche Erfolg über das *Einkommen* bzw. *Gehalt* sowie die *Hierarchieebene* operationalisiert. Der subjektive berufliche Erfolg operationalisiert sich über die *Selbsteinschätzung des eigenen Erfolgs* sowie die *Laufbahn- und Arbeitszufriedenheit*.

2.3   Zielorientierung und Berufserfolg

Zur Motivation des Forschungsziels dieser Studie soll zunächst dargestellt werden, welche Determinanten Einfluss auf den Berufserfolg, wie im vorhergehenden Abschnitt definiert, ausüben.

Dass es sinnvoll ist die Zielorientierung in den Fokus zu rücken, zeigt sich an Arbeiten wie Dette (2005, 29), die diesen Zusammenhang zwar aufgreift, aber keinen empirischen Nachweis anführt. Über den indirekten Weg der eigenen Zielbeeinflussung, die wiederum Einfluss auf den beruflichen Erfolg nach sich zieht, liefert Abele et al. (2002, 194) eine weitere Motivation für den Hintergrund zu dieser Studie. Ebenso zeigen Abele and Stief (2004, 4 ff.), dass gerade der Berufseinstieg positiv von einer Kombination von Lern- und Ergebniszielen beeinflusst wird. Darüber hinaus lässt sich allgemein nachweisen, dass LGO zu einem höheren Interesse an der Thematik und entsprechend auch zu einem besseren Ergebnis führt (Greene et al., 2004; Harackiewicz et al., 2002; Wolters, 2004). Im Gegensatz dazu lässt sich für eine PGO nachweisen, dass diese nicht nur schlechtere Ergebnisse, sondern ebenso ein geringeres Durchhaltevermögen nach sich zieht (Linnenbrink, 2005; Urdan, 2004; Wolters, 2004). Hierbei sind die Ergebnisse für die PApGO ganz eindeutig und Studien wie Linnenbrink-Garcia et al. (2008) konnten sogar einen schwach positiven Zusammenhang nachweisen. An dieser Stelle ist allerdings auch auf die Arbeit von Midgley et al. (2001) hinzuweisen, die argumentieren, dass die Auswirkungen der beiden Spielarten der Zielorientierung sehr stark auch situationsabhängig sind.

Darüber hinaus gibt es eine Reihe weiterer Faktoren, die den Berufserfolg beeinflussen und zumindest als Kontrollfaktoren einer entsprechenden Analyse zu berücksichtigen sind. Tabelle 1 bietet eine Übersicht über die relevantesten in der Literatur diskutierten Faktoren, die auch im Rahmen dieser Studie Berücksichtigung finden.

Tabelle 1:   Determinanten des Berufserfolgs

Studie	Faktor	Zentrale Erkenntnisse
Dette (2005, 23 ff.)	**Demographische Faktoren**, äußere Bedingungen, Fähigkeiten, Humankapitel, Intelligenz, Persönlichkeitsdimensionen, Selbstkompetenz, Selbstwirksamkeitserwartungen, Ziele	
Gattiker and Larwood (1988, 572 ff.)	Demographische Faktoren (**Alter, Geschlecht**, Familienstand)	Je älter eine Person ist, desto erfolgreicher ist sie zumeist.
Abele (2013, 41 ff.), Abele et al. (2002, 4 ff.)	**Geschlecht**	Männer sind im Durchschnitt erfolgreicher als Frauen: Frauen sind in höheren Positionen seltener vertreten. Männer erhalten bei gleicher Ausbildung ein höheres Gehalt.
Abele (2000, 23 ff.)	**Geschlecht**, Familienstand	Frauen werden durch die Geburt eines Kindes deutlich stärker eingeschränkt als Männer.
Ng. et al. (2005, 368 f.)	**Gehalt, Position, Beförderungen vs. Berufszufriedenheit, Lebenszufriedenheit**	
Wirtz (2017, 627)	**Gewissenhaftigkeit**	
Ng. et al. (2005, 371)	Big Five (**Gewissenhaftigkeit**)	Ein positiver Zusammenhang liegt vor zwischen der Gewissenhaftigkeit und den beiden Varianten des beruflichen Erfolgs. Der subjektive Erfolg korreliert positiv mit Offenheit und Extraversion und negativ mit Neurotizismus und Verträglichkeit.
Judge et al. (1999, 621 ff.)	**Gewissenhaftigkeit**	Gewissenhaftigkeit korreliert signifikant mit beiden Varianten des beruflichen Erfolgs.
Lounsbury et al. (2003, 292)	**Gewissenhaftigkeit**, Extraversion, Offenheit	Alle drei Eigenschaften haben einen positiven Einfluss auf den subjektiven Erfolg (Laufbahnzufriedenheit).

Quelle: Eigene Darstellung

Die Relevanz des Faktors Gewissenhaftigkeit im Kontext des beruflichen Erfolgs wird durch die obige Übersicht deutlich (Barrick et al., 2001, 9 ff.) und (Dette, 2005, 28). Da Gewissenhaftigkeit darüber hinaus auch eine hohe Kriteriumsvalidität aufweist (Kanning & Holling, 2001), wird im weiteren Vorgehen Gewissenhaftigkeit als relevanter Kontrollfaktor berücksichtigt.

2.4   Herleitung des Forschungsdesigns

Aufbauend auf den Erkenntnissen aus den vorhergehenden Abschnitten sowie Tabelle 1 zeigt sich, dass mit der LGO ein hohes Maß an ergebnisorientiertem Handeln und ein geringes Maß an Zieldistanzierung einhergeht, so dass davon ausgegangen werden kann, dass die LGO positiv mit beiden Varianten des Berufserfolgs korreliert.

Hieraus lässt sich Hypothese H1 ableiten:

H1:	Es besteht ein signifikanter positiver Zusammenhang zwischen der LGO und den Dimensionen des Berufserfolgs.

Wie in Abschnitt 2.2 argumentiert, kann der berufliche Erfolg nicht durch eine einzelne Variable operationalisiert werden. Entsprechend wird die Hypothese für alle fünf Unterdimensionen des beruflichen Erfolgs (Einkommen / Gehalt, Hierarchieebene, Selbsteinschätzung des eigenen Berufserfolgs, Laufbahnzufriedenheit, Arbeitszufriedenheit) gesondert geprüft; was im Folgenden auch für alle weiteren Hypothesen gilt.

Da aufgrund der dargestellten Ergebnisse zu vermuten ist, dass durch das Vorliegen besonderer Kompetenzen bzw. der aktiven Präsentation eben dieser, Beförderungen und / oder Gehaltsforderungen begünstigt werden (Linnenbrink-Garcia et al., 2008), ist eine positive Korrelation zwischen der PApGO und dem Berufserfolg anzunehmen. Dies führt zur zweiten Hypothese H2:

H2:	Es besteht ein signifikant positiver Zusammenhang zwischen der PApGO und den Dimensionen des Berufserfolgs.

Im Umkehrschluss zum vorhergehenden Absatz kann angenommen werden, dass eine stark ausgeprägte PAvGO, das heißt eine Verheimlichung von Schwächen nicht automatisch mit einer Offenbarung der eigenen Stärken einhergeht, so dass Menschen, die sich dieser Strategie bedienen weniger wahrgenommen werden und in Folge seltener befördert werden bzw. insgesamt weniger beruflich erfolgreich sind, was sich auch durch die angeführten Studien stützen lässt (Linnenbrink, 2005; Urdan, 2004; Wolters, 2004). Dies wird durch Hypothese H3 ausgedrückt:

H3:	Es besteht ein signifikant negativer Zusammenhang zwischen der PAvGO und den Dimensionen des Berufserfolgs.

Folgt man den Ausführungen in Tabelle 1, so wird deutlich, dass Gewissenhaftigkeit einen gewichtigen Einflussfaktor in Bezug auf den Berufserfolg darstellt. Im Rahmen der vierten Hypothese H4 wird dieser Zusammenhang postuliert:

H4:	Es besteht ein signifikant positiver Zusammenhang zwischen Gewissenhaftigkeit und den Dimensionen des Berufserfolgs.

Werden die vier Hypothesen kombiniert, so wirft dies die Frage auf, ob es neben den direkten Effekten der vier untersuchten Einflussfaktoren des beruflichen Erfolgs auch zu Interaktionen zwischen den Einflussfaktoren kommt. Insbesondere ist zu prüfen, ob eine Beziehung zwischen Gewissenhaftigkeit und den drei Dimensionen der Zielorientierung besteht. Hieraus abgeleitet wird die folgende Frage formuliert:

F1:   Besteht ein Zusammenhang zwischen der Gewissenhaftigkeit und den drei Dimensionen der Zielorientierung?

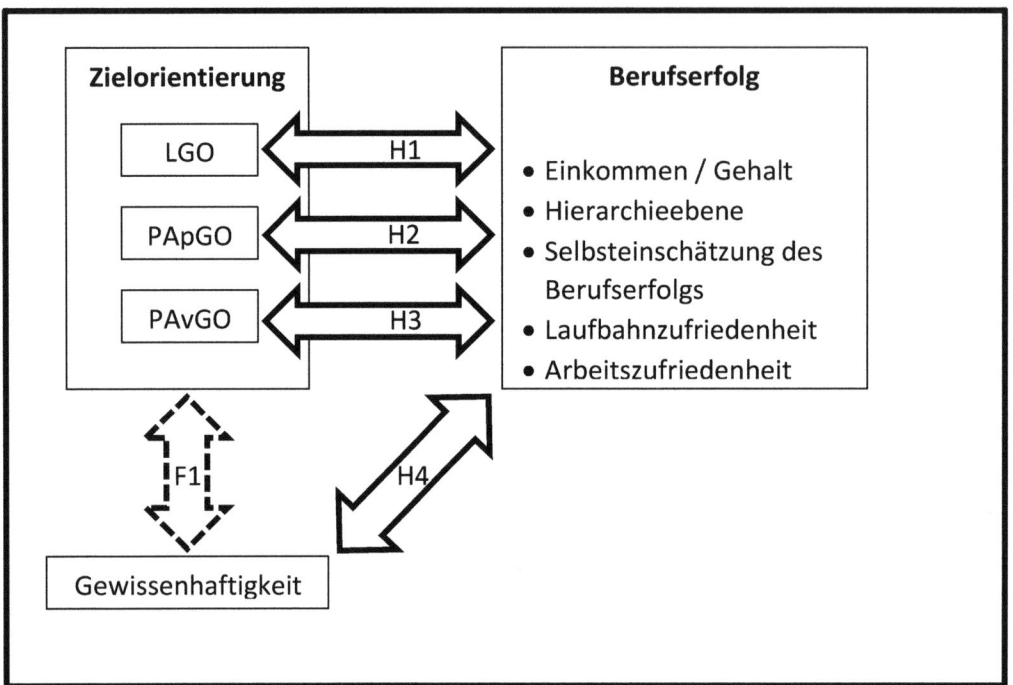

Abbildung 1:   Forschungsdesign
Quelle: Eigene Darstellung

Abbildung 1 fasst das sich hieraus ergebende Forschungsdesign graphisch zusammen, wobei jede zu prüfende Hypothese sowie die zusätzlich abgeleitete Frage durch einen Doppelpfeil gekennzeichnet ist. Dieser ist schraffiert im Fall der Forschungsfrage, da hier kein Zusammenhang postuliert wird, der zu prüfen ist.

Fasst man die Ergebnisse des Literaturüberblicks zusammen, so haben sich bereits eine Reihe von Studien direkt oder indirekt mit den Auswirkungen der verschiedenen Typen von Zielorientierung auf verschiedene Dimensionen des beruflichen Erfolgs beschäftigt.

Unabhängig davon kann die vorliegende Studie die bestehende Literatur in dreierlei Hinsicht ergänzen. Erstens, da Gewissenhaftigkeit der vielversprechendste Faktor (der Big Five) ist, der den beruflichen Erfolg beeinflusst, wird getestet, ob Gewissenhaftigkeit mit den verschiedenen Formen der Zielorientierung korreliert und somit nahelegt, dass moderierend auf deren Einfluss auf die Dimensionen des beruflichen Erfolgs wirkt. Zweitens greifen die meisten der oben angeführten Studien auf Stichproben (häufig studentische Gelegenheits-stichproben), mit einem Durchschnittsalter ihrer Teilnehmer von deutlich unter 50 Jahren, zurück, was die Mehrheit der Teilnehmer dieser Studien unter die Schwelle des Erreichens des persönlichen beruflichen Zenits stellt. Drittens ist diese Studie die Erste, die die zugrundeliegende Forschungsfrage für eine deutsche Stichprobe betrachtet.

Praktisch betrachtet bedeutet dies, dass durch Erhebung der Zielorientierungs-dimensionen sowie der Gewissenhaftigkeit eines Bewerbers im Rahmen des Rekrutierungsprozesses erste Rückschlüsse auf einen möglichen beruflichen Erfolg des Bewerbers möglich sind, auch wenn die folgende Studie, die hierfür relevante Untersuchung einer kausalen Wirkrichtung, schuldig bleibt.

Eine Untersuchung des, in Abbildung 1 dargestellten, Forschungsdesigns erlaubt somit nicht allein einen akademischen Erkenntnisgewinn, sondern schafft auch einen praktisch relevanten Mehrwert.

3   Erhebungsinstrument

Es wurde eine als Querschnittsstudie angelegte Onlineumfrage durchgeführt, um mögliche Interviewereffekte bei einem kritischen Thema wie dem beruflichen Erfolg und den damit verbundenen Kriterien Einkommen bzw. Gehalt von vornherein ausschließen zu können.

Während die Meinungen auseinander gehen, mit welchem Alter der berufliche Zenit erreicht wird und jenseits von Professionals aus sportlichen Bereichen wie Tennis und Football keine belastbaren wissenschaftlichen Studien vorliegen, gibt es eine Reihe von Praxisstudien, die dieses Thema aufgreifen (Business Insider, 2018; LinkedIn, 2014; Payscale, 2019; Stepstone, 2009). Im Durchschnitt liegen die Werte in allen Erhebungen bei 50 Jahren, so dass dies als valide Grenze im Rahmen dieser Studie angesehen wird.

Die Fragen der Konstrukte zur Zielorientierung stützen sich auf die Skalen zur Erfassung der Lern- und Leistungsmotivation (SELLMO) nach Spinath et al. (2012). Da die SELLMO auch einen Bereich zur Tendenz der Arbeitsvermeidung aufweisen, dieser allerdings im Rahmen dieser Studie nicht relevant ist, wurden die zugehörigen Fragen entfernt. Ferner ist zu berücksichtigen, dass die SELLMO als Schüler bzw. Studentenvariante vorliegen. Entsprechend wurde der Wortlaut der Fragen marginal geändert, so dass die Fragen im Rahmen des Forschungsvorhabens verwendet werden können. Im Detail wurde die jeweils einleitende Floskel „In der Schule / im Studium geht es mir darum…" geändert in „In meinem Beruf geht es mir darum…". Darüber hinaus wurden einzelne Items der PApGO derart angepasst, dass ein besserer Bezug zum Forschungsvorhaben besteht. Diese Änderungen werden als marginal genug eingestuft, was durch einen vorgeschalteten Pretest und ein Cronbach's Alpha von 0,894 gestützt wird, so dass die Validität und Reliabilität der Skalen als gewährleistet angesehen werden kann. In Bezug auf die PAvGO wurde auf eine bereits modifizierte Variante von Beißert et al. (2014, 15) zurückgegriffen.

Die Fragen zur Gewissenhaftigkeit greifen auf jene Items des NEO-Fünf-Faktoren-Inventars nach Costa und McCrae (NEO-FFI) gemäß Borkenau and Ostendorf (2008) zurück, die das Konstrukt Gewissenhaftigkeit repräsentieren. Auch hier werden alle verwendeten Items auf Basis einer Fünf-Punkte-Likert-Skala erhoben und, gemäß den vorliegenden Schlüsseln, zu Konstrukten zusammengefasst. Alle Skalen lagen in deutscher Sprache vor und wurden den Probanden auch in dieser vorgelegt.

Im Kontext des beruflichen Erfolgs wurden die fünf Kriterien, die in den vorhergehenden Abschnitten herausgearbeitet wurden, abgefragt. Alle Items, die Zufriedenheit der Probanden betreffend, wurden auf einer Neun-Punkte-Likert-Skala erhoben.

4   Analyse

4.1   Beschreibung der Stichprobe

Insgesamt nahmen 399 Probanden an der Onlinebefragung teil. Da im Rahmen dieser Studie allerdings Wert daraufgelegt wurde, dass die Ergebnisse der einzelnen Tests vergleichbar sind und der verwendete Datensatz verlässliche Informationen bereitstellt, wurden die Antworten zunächst aufbereitet.

Im Einzelnen wurden alle Datensätze entfernt, die nicht vollständig ausgefüllt waren. Dies reduziert die Stichprobe um 96 Probanden auf insgesamt 303 Teilnehmer. Ferner wurden all diejenigen Teilnehmer entfernt, die am Ende des Fragebogens angegeben haben, dass es zu Verständnisschwierigkeiten bei einzelnen Fragen kam. Ebenso wurden diejenigen Teilnehmer entfernt, die unschlüssige oder widersprüchliche Antworten gaben; so wurde eine Person entfernt, die sowohl bei der Branche als auch der Berufsbezeichnung die gleiche Antwort gab.

Schließlich wurde während des Pretests eine durchschnittliche Bearbeitungszeit ermittelt, die durch die Studie selbst bestätigt werden konnte. Diese durchschnittliche Bearbeitungszeit wurde auf eine kritische Bearbeitungszeit von 5 Minuten reduziert. Bei Teilnehmern, die weniger als diese kritische Bearbeitungszeit benötigen, ist anzunehmen, dass sie die Fragen höchstens oberflächlich gelesen und bei der Beantwortung der Fragen lediglich durchgeklickt haben. Diese kritischen Fälle wurden ebenfalls entfernt.

Durch Anwendung dieser Ausschlusskriterien wurde der Datensatz um weitere 43 Teilnehmer bereinigt, so dass eine finale Teilnehmeranzahl von 260 vorlag.

56,9% der Teilnehmer waren männlich und die restlichen 43,1% weiblich. Damit deckt sich die Geschlechterverteilung in der Stichprobe nahezu mit der gesamtdeutschen Verteilung von 53,2% Männern und 46,8% Frauen wie sie für 2019 vom Statistischen Bundesamt berichtet wird. Hinsichtlich dieses Kriteriums kann die Stichprobe somit als repräsentativ für das bundesdeutsche Gebiet angesehen werden.

Das durchschnittliche Alter in der Stichprobe lag bei 57,96 Jahren mit einer Verteilung zwischen 50 und 79 Jahren. Diese Verteilung ist mitunter dem Medium Internet geschuldet, welches sowohl für die Teilnehmerakquise als auch die Durchführung der Umfrage genutzt wurde. Auch wenn dies die Repräsentativität der Stichprobe einschränkt, wird es als kein schwerwiegendes Problem angesehen, da es einen besseren Rückschluss auf die auf dem Arbeitsmarkt aktive Bevölkerung zulässt, insbesondere da 86,5% der Befragten aktuell noch einer Beschäftigung nachgehen. Eine Einschränkung der Repräsentativität liegt insoweit vor, als dass einerseits für die Alterskohorte 50+ überproportional viele ‚jüngere' Menschen befragt wurden, andererseits versucht die Studie Erkenntnisse über die Gesellschaft im Allgemeinen abzuleiten, muss aufgrund der genannten Problematik allerdings auf die Kohorte 50+ abstellen, was den Altersdurchschnitt in Bezug auf Deutschland natürlicherweise nach oben hin verzerrt.

Auch in Bezug auf das Einkommen und den Bildungsabschluss weist die Stichprobe eine deutliche Verzerrung auf. Mit einem monatlichen Mediannettoeinkommen von über 5.000€ liegt die Stichprobe signifikant über den bundesdeutschen Werten. Dies gilt auch in Bezug auf das Bildungsniveau bei dem etwa zwei Drittel einen Fachhochschul- oder universitären Bildungsabschluss nachweisen können. Berücksichtigt man, dass die Stichprobe primär die Generation der Babyboomer umfasst, ist dies ebenfalls weit über den bundesdeutschen Werten.

Es ist daher die Schlussfolgerung zu ziehen, dass die Stichprobe primär hochqualifizierte Fachkräfte repräsentiert und Erkenntnisse der Studie vor diesem Hintergrund zu interpretieren sind.

Abschließend kann noch angemerkt werden, dass die Befragten in insgesamt 15 verschiedenen Wirtschaftszweigen tätig sind oder waren, wobei der Dienstleistungsbereich deutlich überrepräsentiert ist, was sich wiederrum mit aktuellen Arbeitsmarktdaten deckt.

Tabelle 2 fasst darüber hinaus die relevanten Kennzahlen der einzelnen Dimensionen der Zielorientierung sowie des Berufserfolgs zusammen.

Tabelle 2:   **Deskriptive Kennzahlen der zentralen Variablen**

Variable	M / Median	SD	Min	Max
LGO	33,09	4,56	14	40
PApGO	23,47	5,16	8	35
PAvGO	18,45	6,98	8	36
Einkommen / Gehalt (kategorisiert)	6414,04	-	-	-
Hierarchieebene	7,20	1,63	1	9
Selbsteinschätzung des eigenen Berufserfolgs	7,14	1,30	2	9
Laufbahnzufriedenheit	7,57	1,44	3	9
Arbeitszufriedenheit	7,49	1,29	3	9
Gewissenhaftigkeit	37,09	5,17	20	48

Quelle: Eigene Berechnungen

Während für die Dimensionen der Zielorientierung bzw. des Berufserfolgs keine bundesdeutschen Vergleichswerte vorliegen, kann mit Rückgriff auf Borkenau and Ostendorf (2008) für die Gewissenhaftigkeit ein Wert von 32,61 angesetzt werden. Entsprechend ist die Stichprobe etwas gewissenhafter als der Durchschnitt, was in Zusammenhang mit den oben angeführten höheren Bildungsabschlüssen bzw. dem wesentlich höheren Einkommen stehen kann.

4.2   Inferenzstatistische Hypothesentests

Vor der Durchführung der Hypothesentests ist zunächst zu prüfen welche inferenzstatistischen Methoden Anwendung finden können.

Während die Berechnung des Korrelationskoeffizienten nach Bravais - Pearson keine Anforderungen an die zugrunde gelegten Daten stellt, erfordert ein entsprechender Signifikanztest eben diese. Hierbei kann allerdings davon ausgegangen werden, dass ab einem genügend großen Stichprobenumfang sich gemäß dem Gesetz der großen Zahlen die Verteilung einer Stichprobe einer Normalverteilung annähert, vorausgesetzt die Grundgesamt ist bereits normalverteilt.

Bisher ist nicht eindeutig nachgewiesen, ob bzw. inwieweit die einzelnen Aspekte der Zielorientierung bzw. des Berufserfolgs normalverteilt in der Grundgesamtheit sind. Beim Einkommen kann sogar anhand einschlägiger Statistiken der Bundesbank nachgewiesen werden, dass dies nicht der Fall ist. Dies bedeutet, dass es unerlässlich ist einen Normalverteilungstest für die einzelnen Variablen durchzuführen und sollten diese negativ ausfallen, alternativ auf den Rangkorrelationskoeffizienten von Spearman zurückzugreifen. Dieser Test erfordert keine Normalverteilung der Variablen, kann allerdings nur einen monotonen anstelle eines linearen Zusammenhangs nachweisen.

Die Wahl des zu verwendenden Normalverteilungstest fällt auf den Shapiro-Wilk-Test (Shapiro & Wilk, 1965) da es sich hierbei um denjenigen der gängigen Tests mit der höchsten Güte handelt (Yazici & Yolacan, 2007).

Tabelle 3:   Ergebnisse Shapiro-Wilk-Tests

Variable	Shapiro-Wilk-Statistik	Signifikanz-Niveau
LGO	0,94	< 0,001
PApGO	0,98	< 0,01
PAvGO	0,96	< 0.001
Einkommen / Gehalt	0,90	< 0,001
Hierarchieebene	0,88	< 0,001
Selbsteinschätzung des eigenen Berufserfolgs	0,89	< 0,001
Laufbahnzufriedenheit	0,86	< 0,001
Arbeitszufriedenheit	0,88	< 0,001
Gewissenhaftigkeit	0,99	< 0,05

Quelle: Eigene Berechnungen

Tabelle 3 fasst die Ergebnisse des Shapiro-Wilk-Tests zusammen. Es zeigt sich, dass mit Ausnahme der Variable Gewissenhaftigkeit alle Variablen eine hoch-signifikante Abweichung der Normalverteilung aufweisen und selbst bei der Gewissenhaftigkeit kann noch von einer signifikanten Abweichung gesprochen werden. Dieses Bild wird durch einen Blick auf die entsprechenden Q-Q-Diagramme unterstützt, die ebenfalls eine deutliche Abweichung von der Normalverteilung nahelegen, wobei dies primär auf eine Unterrepräsentation kleiner Ausprägungen zurückzuführen ist. Ein Problem, das für den Faktor Einkommen / Gehalt bereits weiter oben diskutiert wurde.

In Folge dieser Erkenntnis erfolgt die inferenzstatistische Untersuchung auf Basis von Spearmans Rangkorrelationskoeffizienten und dem zugehörigen Signifikanztest.

Im Folgenden fasst Tabelle 4 die Ergebnisse der Untersuchung der Hypothesen H1 bis H4 zusammen, während Tabelle 5 die Ergebnisse des Tests zur Untersuchung von Frage F1 rekapituliert. Einer besseren Darstellung geschuldet wurden in Tabelle 4 die fünf Dimensionen des Berufserfolgs nach dem folgenden Schema abgekürzt: BE1 – Einkommen/Gehalt, BE2 – Hierarchieebene, BE3 – Selbsteinschätzung des Berufserfolgs, BE4 – Laufbahnzufriedenheit, BE5 – Arbeitszufriedenheit.

Tabelle 4 gibt die Rangkorrelationskoeffizienten wieder, wobei zusätzlich zur besseren Lesbarkeit alle Zusammenhänge, die auf den 1% Niveau signifikant waren mit ** und alle Zusammenhänge, die auf dem 5% Niveau signifikant waren mit * gekennzeichnet sind.

Tabelle 4:   Ergebnisse Hypothesen H1 bis H4

Variable	BE1	BE2	BE3	BE4	BE5
LGO	0,08	0,05	0,09	0,16*	0,17**
PApGO	0,02	0,02	0,10	0,01	0,07
PAvGO	-0,13*	-0,16*	-0,16*	-0,21**	-0,17**
Gewissenhaftigkeit	0,19**	0,18**	0,34**	0,28**	0,14*

Quelle: Eigene Berechnungen

Tabelle 4 zeigt ein eindeutiges Bild, auch wenn dieses Bild nicht notwendiger-weise die postulierten Hypothesen deckt.

Hypothese H1: Zwischen der LGO und den Dimensionen des Berufserfolgs wurde ein stark positiver Zusammenhang postuliert. Während der Zusammen-hang, gemessen an den Koeffizienten zwar positiv ausfällt, ist seine Stärke doch als unterdurchschnittlich anzusehen. Während drei der fünf Ausprägungen kei-nen signifikanten Effekt aufweisen, ist der Effekt in den anderen beiden Fällen zwar signifikant und positiv aber mit einem Koeffizienten von 0,16 bzw. 0,17 ebenfalls schwach ausgeprägt. Hypothese H1 kann zwar angenommen werden, allerdings nur mit der Einschränkung, dass lediglich ein schwach bis mittel-star-ker Zusammenhang vorliegt.

Es ist zu erwähnen, dass es gerade die Dimensionen des objektiven Berufser-folgs sind, die nicht signifikant mit der LGO zusammenhängen sowie die Selbst-einschätzung des Berufserfolgs. Die subjektiven Kriterien der Laufbahn- und Ar-beitszufriedenheit hingegen sind beide signifikant. Dies kann damit zusammen-hängen, dass Menschen mit einer stark ausgeprägten LGO ihre Zufriedenheit aus der Arbeit, bei der sie potentiell etwas dazulernen, ziehen.

Andererseits besteht kein Zusammenhang zwischen dem objektiven Berufser-folg und der LGO, weil die Motivation dazuzulernen nicht notwendigerweise mit einem besser bezahlten Beruf bzw. zusätzlichen Aufstiegschancen einher-geht. Auch kann es sein, dass Menschen mit einer ausgeprägten LGO dadurch, dass sie ihre Leistungen nicht in den Vordergrund rücken, bei kritischen Ent-scheidungen keine Beachtung finden bzw. von sich aus auch nicht nach einer Gehaltserhöhung oder einer Beförderung fragen.

Hypothese H2: Zwischen der PApGO und den Dimensionen des Berufserfolgs wurde ein positiver Zusammenhang postuliert. Dieser Zusammenhang lässt sich in den Daten nicht wiederfinden bzw. die Koeffizienten fallen zwar alle po-sitiv aus, da keiner der Zusammenhänge allerdings signifikant ist, kann nicht ausgeschlossen werden, dass dieser positive Zusammenhang nicht allein auf zufällige Schwankungen im Datensatz zurückzuführen ist. Hypothese H2 ist ent-sprechend zu verwerfen, wobei sich hier die Frage stellt, ob der postulierte Zu-sammenhang nicht einfach sehr schwach ausgeprägt ist und der Stichprobenumfang nicht ausreicht, um auf einen signifikanten Effekt zu schließen. An dieser Stelle ist daher eine weiterführende Untersuchung mit einer größeren Fallzahl unerlässlich. An dieser Stelle ist darauf hinzuweisen, dass ein positiver Zusammenhang zwar seitens Linnenbrink-Garcia et al. (2008) nachgewiesen werden kann, dieser allerdings nicht unangefochten besteht und diverse Studien zu negativen bzw. keinen Effekten seitens der PApGO gelangen (Elliot & McGregor, 2001; Keys et al., 2012; Middleton & Midgley, 1997).

Mit Bezug auf die einzelnen Dimensionen des Berufserfolgs kann auch der Grund vorliegen, dass Menschen mit hoher PApGO Lob für ihre positiven Leistungen erhalten wollen und gleichzeitig negative Reaktionen vermeiden wollen, da das Erbringen einer guten Leistung der Selbstwertstabilisierung bzw. einer Selbstaufwertung gleichkommt. Entsprechend kann das Nichterreichen eines Ziels bzw. das Nichterbringen einer Leistung schneller zu einer anhaltenden Zielfrustration führen. Diese Menschen könnten zur Frustvermeidung ihre Ziele an ihren vorhandenen Fähigkeiten ausrichten und sie somit erreichbar und subjektiv risikoarm zu organisieren. Sie zielen nicht auf den Erwerb neuer Fähigkeiten zum Erreichen höherer Ziele ab, sondern richten ihre Ziele daraufhin aus mit vorhandenen Fähigkeiten mit hoher Wahrscheinlichkeit Lob und Anerkennung zu erhalten. Ein solches Verhalten würde langfristig ihre Weiterentwicklung und damit ihre Aufstiegschancen einschränken.

Auf jeden Fall ist an dieser Stelle ebenfalls weiterer Forschungsbedarf zu vermerken, um den Zusammenhang im Detail weiter zu untersuchen.

Hypothese H3: Zwischen der PAvGO und den Dimensionen des Berufserfolgs wurde ein negativer Zusammenhang postuliert. Dieser negative Zusammenhang findet sich konsistent in Bezug auf alle fünf Dimensionen des Berufserfolgs und fällt in allen Fällen signifikant aus. Hypothese H3 kann somit zunächst angenommen werden. Es ist allerdings anzumerken, dass analog zu Hypothese H1 der Zusammenhang eher mäßig bis schwach ausfällt, was sich an den Koeffizienten, die zwischen -0.13 und -0,21 schwanken zeigt. In diesem Zusammenhang decken sich die Ergebnisse dieser Studie mit denen der oben angeführten Studien, in denen ebenfalls ein negativer Zusammenhang nachgewiesen werden konnte (Linnenbrink, 2005; Urdan, 2004; Wolters, 2004).

Hypothese H4: Es wird postuliert, dass zwischen der Gewissenhaftigkeit und den Dimensionen des Berufserfolgs ein positiver Zusammenhang besteht. Diese Vermutung wird durch die Tests bestätigt, da alle fünf Korrelationen hochsignifikant ausfallen. Hypothese H4 kann entsprechend angenommen werden. Auch wenn in dieser Situation die Korrelationskoeffizienten etwas höher ausfallen als bei den vorhergehenden Tests, so besteht doch auch im Rahmen dieses Hypothesentests das Problem, dass die Effekte mäßig stark ausgeprägt sind.

Tabelle 5:   Ergebnisse Forschungsfrage F1

Variable	LGO	PApGO	PAvGO
Gewissenhaftigkeit	0,13*	0,11	-0,06

Quelle: Eigene Berechnungen

Tabelle 5 stellt die Ergebnisse der Untersuchung in Bezug auf Forschungsfrage F1, den Zusammenhang zwischen der Gewissenhaftigkeit und den Dimensionen der Zielorientierung dar.

Forschungsfrage F1: Es zeigt sich, ein nicht ganz eindeutiges Bild. Während für die LGO ein signifikanter positiver Zusammenhang vorliegt, fällt er für die beiden Varianten der PGO insignifikant aus. Entsprechend ist die Hypothese zunächst anzunehmen. Wie auch oben, bei den anderen Zusammenhängen fällt auch hier die Stärke des Zusammenhangs eher gering aus bei einem Korrelationskoeffizienten von lediglich 0,13.

Da zu diesem Zusammenhang noch keine Referenzliteratur vorliegt, kann zunächst postuliert werden, dass lediglich LGO und Gewissenhaftigkeit zusammenhängen, während dies bei der PGO nicht der Fall ist.

Der positive Zusammenhang kann dahingehend interpretiert werden, dass Menschen mit hoher LGO sich potentiell des Nutzens bewusst sind, den eine gewissenhafte Erledigung ihrer Arbeit nach sich zieht.

Die Insignifikanz der Zusammenhänge in Bezug auf die beiden Dimensionen der PGO kann auch hier ein Effekt des kleinen Stichprobenumfangs sein. Es empfiehlt sich daher auch von dieser Stelle aus, die vorliegende Studie mit einem größeren Datensatz zu wiederholen. Die Vorzeichen der beiden Koeffizienten, die die Richtung des Zusammenhangs aufzeigen, scheinen auf den ersten Blick aber nicht abwegig, da zu vermuten ist, dass Menschen mit einer hohen PApGO eher gewissenhaft arbeiten, da dies die Qualität ihrer Leistung und damit den durch Präsentation der Leistung entstehenden Mehrwert potentiell steigert. Menschen mit einer hohen PAvGO hingegen würden möglicherweise nur dann einen Anreiz zu gewissenhafter Arbeit haben, wenn dies ihre Möglichkeit Schwächen zu verbergen verbessert. Hier wäre dann die logische Frage, warum die dabei aufgewendete Energie nicht zur Verbesserung des Ergebnisses eingesetzt wird, was einen negativen Zusammenhang zwischen der PAvGO und der Gewissenhaftigkeit nahelegt.

Der signifikante Zusammenhang zwischen der LGO und der Gewissenhaftigkeit wirft allerdings erneut die Frage auf, ob bzw. inwieweit Gewissenhaftigkeit eine moderierende Funktion auf die Zusammenhänge zwischen den Dimensionen der Zielerreichung und denen des Berufserfolgs ausübt. Dieser Frage wird in Rahmen dieser Studie zunächst nicht weiter nachgegangen.

5   Fazit

5.1   Erkenntnisgewinn

Die vorliegende Arbeit präsentiert erste Ergebnisse zu der Interaktion der einzelnen Dimensionen der Konstrukte Zielorientierung und Berufserfolg sowie der Gewissenhaftigkeit. Die durch die bisherigen Publikationen zu dieser Thematik gestützte Annahme, dass ein positiver Zusammenhang zwischen der LGO und dem subjektiven Berufserfolg besteht, konnte bestätigt werden, ebenso wie die Annahme, dass zwischen der PAvGO und allen Dimensionen des Berufserfolgs ein negativer Zusammenhang besteht. Ebenso konnte ein positiver Zusammenhang zwischen der Gewissenhaftigkeit und dem Berufserfolg sowie der LGO nachgewiesen werden.

Gerade der letzte Punkt stellt einen Zusammenhang dar, der aktuell weder direkt noch indirekt untersucht wurde, so dass hier ein erster wertvoller Forschungsbeitrag geliefert wird.

Auch wenn die Studie signifikante Ergebnisse vorweisen kann und sich in mehreren Hinsichten mit der bestehenden Literatur deckt, fallen die nachgewiesenen Effekte lediglich schwach bis moderat aus. Dies ist allerdings nicht als kritischer Schwachpunkt anzusehen, da das Ziel der vorliegenden Studie darin besteht, erste Erkenntnisse auf Basis eines verlässlichen Datensatzes zu liefern. In diesem Kontext weisen die Ergebnisse dieser Studie viel mehr darauf hin, dass Ergebnisse aus Studien mit kleineren bzw. in Bezug auf das Alter der Probanden, unzulänglichen Stichproben kritischer eingeordnet werden müssen.

Als erste Studie mit Bezug auf die deutsche Bevölkerung liefert sie zusätzlich einen gewichtigen Beitrag vor dem Hintergrund, dass - auch wenn kritisch diskutiert (Heine et al., 2008) – kulturelle Unterschiede nicht per se ausgeschlossen werden können.

5.2   Mehrwert für Praktiker

Auch wenn an dieser Stelle noch keine Aussagen über die Kausalität der Zusammenhänge getätigt werden können, so bietet die Studie doch neben dem akademischen Erkenntnisgewinn auch für Entscheider aus Personalabteilungen einen Mehrwert. Ein Mitarbeiter der Eigenschaften mitbringt, über die auf den beruflichen Erfolg geschlossen werden kann, ist von besonderem Interesse für ein Unternehmen, da der eigene Aufstieg zumeist mit einem vergleichbaren Erfolg für das Unternehmen einhergeht. Mitarbeiter bei denen zu vermuten ist, dass der Erfolg ausbleibt, sind im Gegenzug eher uninteressant.

Die Prüfung auf ein starkes PAvGO sollte daher ein ebenso wichtiger Bestandteil des Einstellungsprozesses sein. Auch wenn diese Studie noch kein endgültiges Entscheidungskriterium liefern kann, so kann sie doch eine erste Richtung der Entscheidungsunterstützung im Bereich der Personalarbeit aufzeigen. Sie zeigt auch, dass ein Test auf die Big Five allein einen prägnanten Test auf die verschiedenen Ansätze der Zielorientierung nicht ersetzen kann. In Anbetracht eines potentiell moderierenden Effekts der Gewissenhaftigkeit auf die Zielorientierung und den beruflichen Erfolg sollten beide Ansätze im Personalrekrutierungsprozess berücksichtigt werden.

Der Rekrutierungsprozess ist jedoch nicht der einzige Bereich im Kontext des Personalmanagements, in dem die Ergebnisse dieser Studie Anwendung finden können. Im Kontext der Bindung von qualifiziertem Personal hat diese Studie gezeigt, dass das Angebot von zusätzlichen Schulungen und die Möglichkeit der beruflichen Weiterentwicklung im Allgemeinen eine valide Strategie darstellen kann, um Mitarbeiter mit einer hohen LGO zu motivieren und zu binden. So sehen Mitarbeiter mit einer stark ausgeprägten LGO Schulungen als zusätzliche Anreize für ihre Arbeit an. Gestützt wird dies durch die Ergebnisse von Theis und Bipp (2020), die eine moderierende Rolle von proaktivem Verhalten auf den Effekt einer starken LGO auf die Leistung berichten. Während in dieser Studie die Zielorientierung einer Person als Eigenschaft und nicht als Zustand angenommen wird, muss an dieser Stelle betont werden, dass berufliche Weiterbildung nicht dazu dienen kann, eine LGO bei Mitarbeitern zu entwickeln oder eine starke PAvGO zu untergraben.

Doch nicht nur für Personalverantwortliche bietet diese Studie relevante Erkenntnisse, sondern auch für Institutionen und Personen, die andere zum beruflichen Erfolg beraten. Dazu gehören Karriere-Coaches ebenso wie Berufsberater an Schulen oder Universitäten. Der Nachweis eines Zusammenhangs zwischen der LGO und dem subjektiven Berufserfolg könnte Beratern und Betreuern Argumente für Berufe liefern, in denen objektiver Erfolg unwahrscheinlich ist, in denen aber erhebliche Lernmöglichkeiten bestehen.

In Anbetracht der PAvGO wären alle Maßnahmen, die ergriffen werden können, um ihre negativen Auswirkungen zu vermeiden, für das Unternehmen von Vorteil. Geht man davon aus, dass es nicht möglich ist, jemandem sein PAvGO abzutrainieren, kann eine offene, tolerante und kooperative Arbeitsatmosphäre - eine positiv gelebte Fehlerkultur - helfen, die Auswirkungen des PAvGO der Mitarbeiter so gering wie möglich zu halten, da sie nur begrenzte Vorteile haben, ihre Fehler zu verbergen.

5.3 Limitationen

Während die Studie einen ersten Eindruck in das Zusammenspiel von Zielorientierung, Berufserfolg und Gewissenhaftigkeit gewährt, geht die Studie mit ein paar formalen Einschränkungen einher.

Wie in der Diskussion der Ergebnisse angesprochen, ist die vorliegende Stichprobe mit lediglich 260 validen Teilnehmern in ihrem Aussagegehalt eingeschränkt. Dies gilt insbesondere in Bezug auf die Repräsentativität, die ausführlich in Abschnitt 4.1 diskutiert wurde. Auch in Bezug auf die durchgeführten Tests besteht der Nachteil des kleineren Stichprobenumfangs, da kleine Effekte möglicherweise unentdeckt bleiben.

Ferner wurden lediglich Querschnittsdaten erhoben, so dass Rückschlüsse auf kausale Effekte bzw. mögliche Feedback-Beziehungen im Rahmen dieser Untersuchung unberücksichtigt bleiben müssen. Dies gilt umso mehr, als dass nicht sichergestellt ist, dass LGO und PGO eines Menschen über die Zeit hinweg stabil bleiben, eine Eigenschaft der Person darstellen oder temporalen Änderungen unterworfen sind, was durchaus anzunehmen ist (Heckhausen & Heckhausen, 2006; Wirtz, 2017, 1613). Dies macht die Durchführung einer langfristig angelegten Panelstudie in diesem Zusammenhang, bei der Probanden von der Kindheit bis ins Rentenalter begleitet werden, unerlässlich.

Weiterhin wurde bereits die Problematik thematisiert, dass Gewissenhaftigkeit, die sowohl einen konsistenten Einfluss auf den Berufserfolg ausübt, als auch einen teilweisen Einfluss auf die Zielorientierung, als potentieller Moderator agiert, was sich auf die Effektstärken und somit den Zusammenhang zwischen der Zielorientierung und dem Berufserfolg auswirken kann.

5.4 Ausblick

Neben einer Untersuchung möglicher Moderatoreffekte innerhalb des bestehenden Modells und der Kontrolle, der in Kapitel 2 abgeleiteten Einflussfaktoren, findet sich eine Ergänzung der vorliegenden Studie in der Ausweitung in Bezug auf die Längsschnittdimension, um auf diese Art auf kausale Effekte schließen zu können.

Ebenso wurden bereits im Rahmen dieser Studie Daten zur Branchenzugehörigkeit der Teilnehmer erhoben, aufgrund des geringen Stichprobenumfangs und der Präsenz einer großen Anzahl an Wirtschaftszweigen war es allerdings nicht möglich die Studie nach Wirtschaftszweigen getrennt durchzuführen. Hier ist zu erwarten, dass gerade in kreativen Wirtschaftszweigen die Ergebnisse signifikant von den Ergebnissen dieser Studie abweichen.

Ebenso wurde in Kapitel 2 dargelegt, dass auch die anderen vier der Big Five einen Einfluss auf den Berufserfolg ausüben. Auch hier wäre eine Integration in ein Gesamtmodell bzw. eine zusätzliche Kontrolle auf diese vier Konstrukte denkbar und erfolgversprechend und würde den Mehrwert der Studie gerade im Kontext der Personalpolitik für Unternehmen signifikant steigern.

Literaturverzeichnis

Abele, A. E. (2000). Gender Gaps in Early Career Development of University Graduates: Why are Women less Successful than Men? *European Bulletin of Social Psychology, 12*(3), 22–38.

Abele, A. E. (2013). Berufserfolg von Frauen und Männern im Vergleich: Warum entwickelt sich die "Schere" immer noch auseinander? *Gender, 5*(3), 41–59.

Abele, A. E., Spurk, D., & Volmer, J. (2011). The Construct of Career Success: Measurement Issues and an Empirical Example. *Journal of Labour Market Research, 43*(3), 169–306.

Abele, A. E., & Stief, M. (2004). Die Prognose des Berufserfolgs von Hochschulabsolventinnen und -absolventen: Befunde zur ersten und zweiten Erhebung der Erlanger Längsschnittstudie BELA-E. *Zeitschrift Für Arbeits- Und Organisationspsychologie, 48*(1), 4–16.

Abele, A. E., Stief, M., & Krüsken, J. (2002). Persönliche Ziele von Mathematikern beim Berufseinstieg: Ein Vergleich offener und geschlossener Erhebungsmethoden. *Zeitschrift Für Pädagogische Psychologie, 16*(3/4), 193–205.

Abramson, L. Y., Seligman, M.E.P., & Teasdale, J. D. (1978). Learned Helplessness in Humans: Critique and Reformulation. *Journal of Abnormal Psychology, 87*(1), 49–74.

Ames, C., & Archer, J. (1988). Achievement Goals in the Classroom: Students' Learning Strategies and Motivation Processes. *Journal of Educational Psychology, 80*(3), 260–267.

Barrick, M. R., Mount, M. K., & Judge, T. A. (2001). Personality and Performance at the Beginning of the new Millennium: What do we know and where do we go next? *International Journal of Selection and Assessment, 9*(1-2), 9–30.

Beißert, H., Köhler, M., Rempel, M., & Beierlein, C. (2014). *Eine deutschsprachige Kurzskala zur Messung des Konstrukts Need for Cognition: Die Need for Cognition Kurzskala (NFC-K)* (Gesis Working Papers 2014 | 32).

Borkenau, P., & Ostendorf, F. (2008). *NEO-Fünf-Faktoren-Inventar nach Costa und McCrae (NEO-FFI)*. Hogrefe.

Brunstein, J., & Heckhausen, H. (2006). Leistungsmotivation. In J. Heckhausen & Heckhausen H. (Eds.), *Motivation und Handeln* (143–187). Springer.

Business Insider. (2018). *Here are the ages you financially peak at everything throughout life — from salary to net worth.* https://www.businessinsider.com/when-you-earn-the-most-owe-the-most-and-accrue-the-most-wealth-2017-12?r=DE&IR=T

Button, S. B., Mathieu, J. E., & Zajac, D. M. (1996). Goal Orientation in Organizational Research: A Conceptual and Empirical Foundation. *Organizational Behaviour and Human Decision Processes*, *67*(1), 26–48.

Dette, D. E. (2005). *Berufserfolg und Lebenszufriedenheit: Eine längsschnittliche Analyse der Zusammenhänge* [Dissertation, Friedrich-Alexander-Universität Erlangen-Nürnberg, Erlangen]. BibTeX.

Dette, D. E., Abele, A. E., & Renner, O. (2004). Zur Definition und Messung von Berufserfolg: Theoretische Überlegungen und metaanalytische Befunde zum Zusammenhang von externen und internen Laufbahnerfolgsmaßnahmen. *Zeitschrift Für Personalpsychologie*, *3*(4), 170–183.

Dimitrova, D. (2008). *Das Konzept der Metakompetenz: Theoretische und empirische Untersuchung am Beispiel der Automobilindustrie*. Gabler.

Dweck, C. S., & Leggett, E. L. (1988). A Social-Cognitive Approach to Motivation and Personality. *Psychological Review*, *95*(2), 256–273.

Elliot, A. J., & Church, M. A. (1997). A Hierarchical Model of Approach and Avoidance Achievement Motivation. *Journal of Personality and Social Psychology*, *72*(1), 218–232.

Elliot, A. J., & Harackiewicz, J. M. (1996). Approach and Avoidance Achievement Goals and Intrinsic Motivation: A Mediational Analysis. *Journal of Personality and Social Psychology*, *73*(3), 461–475.

Elliot, A. J., & McGregor, H. A. (2001). A 2 x 2 Achievement Goal Framework. *Journal of Personality and Social Psychology*, *80*(3), 501–519.

Elliott, E. S., & Dweck, C. S. (1988). Goals: An Approach to Motivation and Achievement. *Journal of Personality and Social Psychology*, *54*(1), 5–12.

Gasteiger, R. M. (2007). *Selbstverantwortliches Laufbahnmanagement: Das proteische Erfolgskonzept*. Hogrefe.

Gattiker, U. E., & Larwood, L. (1988). Predictors for Managers' Career Mobility, Success, and Satisfaction. *Human Relations*, *41*(8), 569–591.

Greene, B. A., Miller, R. B., Crowson, H. M., Duke, B. L., & Akey, K. L. (2004). Predicting High School Students' Cognitive Engagement and Achievement: Contributions of Classroom Perceptions and Motivation. *Contemporary Educational Psychology*, *29*(4), 462–482.

Harackiewicz, J. M., Barron, K. E., Pintrich, P. R., Elliot, A. J., & Thrash, T. M. (2002). Revision of Achievement Goal Theoy: Necessary and Illuminating. *Journal of Educational Psychology*, *94*(3), 638–645.

Heckhausen, J., & Heckhausen, H. (2006). Motivation und Handeln: Einführung und Überblick. In J. Heckhausen & H. Heckhausen (Eds.), *Motivation und Handeln* (1–9). Springer.

Heine, S. J., Buchtel, E. E., & Norenzayan, A. (2008). What do Cross-National Comparisons of Personality Traits tell us? The Case of Conscientiousness. *Psychological Science*, *19*(4), 309–313.

Hossiep, R., & Paschen, M. (2003). *Bochumer Inventar zur berufsbezogenen Persönlichkeitsbeschreibung (BIP)* (2nd ed.). Hogrefe.

Howell, A. J., & Watson, D. C. (2007). Procrastination: Associations with achievement goal orientation and learning strategies. *Personality and Individual Differences*, *43*(1), 167–178.

Hulleman, C. S., Schrager, S. M., Bodmann, S. M., & Harackiewicz, J. M. (2010). A meta-analytic review of achievement goal measures: Different labels for the same constructs or different constructs with similar labels? *Psychological Bulletin*, *136*(3), 422–449.

Jaskolka, G., Beyer, J. M., & Trice, H. M. (1985). Measuring and Predicting Managerial Success. *Journal of Vocational Behaviour*, *26*(2), 189–205.

Judge, T. A., Higgins, C. A., Thoresen, C. J., & Barrick, M. R. (1999). The Big Five Personality Traits, general Mental Ability, and Career Success across the Life Span. *Personnel Psychology*, *52*(3), 621–652.

Judge, T. A., & Kammeyer-Mueller, J. D. (2007). Personality and Career Success. In H. Gunz & M. (E.) Peiperl (Eds.), *Handbook of Career Studies* (59–78). SAGE.

Kanning, U. P., & Holling, H. (2001). Struktur, Reliabilität und Validität des NEO-FFI in einer Personalauswahlsituation. *Zeitschrift Für Differentielle Und Diagnostische Psychologie*, *22*, 239–247.

Keys, T. D., Conley, A. M., Duncan, G. J., & Domina, T. (2012). The role of goal orientations for adolescent mathematics achievement. *Contemporary Educational Psychology*, *37*(1), 47–54.

Liepmann, D., Beauducel, A., Brocke, B., & Amthauer, R. (2007). *Intelligenz-Struktur-Test 2000 R(I-S-T 2000 R)* (2nd ed.). Hogrefe.

LinkedIn. (2014). *The Career Peak Paradox*. https://www.linkedin.com/pulse/20140604153543-34334392-the-career-peak-paradox/

Linnenbrink, E. A. (2005). The Dilemma of Performance-Approach Goals: The Use of Multiple Goal Contexts to Promote Students' Motivation and Learning. *Journal of Educational Psychology*, *97*(2), 197–213.

Linnenbrink-Garcia, L., Tyson, D. F., & Patall, E. A. (2008). When are achievement goal orientations beneficial for academic achievement? A closer look at main effects and moderating factors. *Revue Internationale De Psychologie Sociale*, *21*(1), 19–70.

Lorenz, M., & Rohrschneider, U. (2009). *Erfolgreiche Personalauswahl: Sicher, schnell und durchdacht*. Gabler.

Lounsbury, J. W., Loveland, J. M., Sundstrom, E. D., Gibson, L. W., Drost, A. W., & Hamrick, F. L. (2003). An Investigation of Personality Traits in Relation to Career Satisfaction. *Journal of Career Assessment, 11*(3), 287–307.

Middleton, M. J., & Midgley, C. (1997). Avoiding the demonstration of lack of ability: An underexplored aspect of goal theory. *Journal of Educational Psychology, 89*(4), 710–718.

Midgley, C., Kaplan, A., & Middleton, M. (2001). Performance-approach Goals: Good for what, for whom, under what cirnumstances, and at what cost? *Journal of Educational Psychology, 93*(1), 77–86.

Ng., T.W.H., Eby, L. T., Sorensen, K. L., & Feldman, D. C. (2005). Predictors of Objective and Subjective Career Success: A Meta-Analysis. *Personnel Psychology, 58*(2), 367–408.

Payscale. (2019). *Earnings peak at Different Ages for Different Demographic Groups*. https://www.payscale.com/data/peak-earnings

Rheinberg, F. (2008). *Motivation* (7th ed.). Kohlhammer.

Shapiro, S. S., & Wilk, M. B. (1965). An Analysis of Variance Test for Normality (for Complete Samples). *Biometrika, 52*(3/4), 591–611.

Spinath, B., & Stiensmeier-Pelster, J. (2000). Zielorientierung und Leistung: Die Rolle des Selbstkonzepts eigener Fähigkeiten. In H. Metz-Göckel, B. Hannover, & S. (E.) Leffelsend (Eds.), *Selbst, Motivation und Emotion: Dokumentation des 4. Dortmunder Symposiums für Pädagogische Psychologie* (44–55). Logos.

Spinath, B., Stiensmeier-Pelster, J., Schöne, C., & Dickhäuser, O. (2012). *Skalen zur Erfassung der Lern- und Leistungsmotivation (SELLMO)* (2nd ed.). Hogrefe.

Spurk, D., Volmer, J., & Abele, A. E. (2013). Prognose von Berufserfolg: Überblick und aktuelle Trends. In J.-P. Pahl & V. (E.) Herkner (Eds.), *Handbuch Berufsforschung* (434–441). Bertelsmann.

Stepstone. (2009). *Karrierepunkt ab Vierzig*. https://www.presseportal.de/pm/38447/1370927

Urdan, T. (2004). Predictors of Academic Self-Handicapping and Achievement: Examining Achievement Goals, Classroom Goal Structures, and Culture. *Journal of Educational Psychology, 96*(2), 251–264.

VandeWalle, D., Cron, W. L., & Slocum, J. W. (2001). The Role of Goal Orientation Following Performance Feedback. *Journal of Applied Psychology, 86*, 629–640.

Wirthwein, L., Köller, O., & Schiefele, U. (2018). Zielorientierung. In D. H. Rost, J. R. Sparfeldt, & S. (E.)R. Buch (Eds.), *Handwörterbuch Pädagogische Psychologie* (5th ed., 917–925). Beltz.

Wirtz, M. A. (2017). *Dorsch: Lexikon der Psychologie* (18th ed.). Hogrefe.

Wolters, C. A. (2004). Advancing Achievement Goal Theory: Using Goal Structures and Goal Orientations to Predict Students' Motivation, Cognition, and Achievement. *Journal of Educational Psychology, 96*(2), 236–250.

Yazici, B., & Yolacan, S. (2007). A Comparison of Various Tests of Normality. *Journal of Statistical Computation and Simulation, 77*(2), 175–183.

Die Autoren

Carlotta **Böge** absolvierte eine Ausbildung zur Kauffrau für Marke-
tingkommunikation in einer Werbeagentur in Hamburg. Anschlie-
ßend studierte sie Psychology & Management mit dem Schwerpunkt Human Resources an der International School of Management in Köln. In ihrem Gap Year zwischen Bachelor und Master
sammelt sie nun in Form von zwei sechsmonatigen Praktika bei den
Konzernen Henkel AG & Co. KGaA und Nestlé Deutschland AG Erfahrungen im Human
Resources, insbesondere im Recruiting und Employer Branding.

Prof. Dr. Jens K. **Perret** studierte Wirtschaftsmathematik und Wirt-
schaftswissenschaften an der Bergischen Universität Wuppertal. Er
promovierte im Bereich Volkswirtschaftslehre zur Wissensgesell-
schaft in Russland an der Bergischen Universität Wuppertal. Zwischen 2004 und 2016 war Herr Perret am Europäischen Institut für
Internationale Wirtschaftsbeziehungen zunächst als studentische
Assistenz und später als wissenschaftlicher Mitarbeiter tätig. In der Zeit von 2007 bis
2016 war Herr Perret als wissenschaftlicher Mitarbeiter am Lehrstuhl für Makroöko-
nomische Theorie und Politik beschäftigt. Von 2012 bis 2014 war er über Lehraufträge
unter anderem an der Technischen Universität Kaliningrad tätig. Seit September 2016
ist er Professor für Volkswirtschaftslehre und Statistik an der International School of
Management in Köln.

Prof. Dr. Janine **Netzel** studierte Diplom-Psychologie an der Hum-
boldt-Universität zu Berlin mit Schwerpunkt auf die Wirtschafts-
und Sozialpsychologie. Die ausgebildete Mediatorin absolvierte
Forschungsaufenthalte in China und Israel. Von 2011 bis 2015 promovierte sie an der Ludwig-Maximilians-Universität München unter Prof. Dieter Frey zu den Themen Macht und Perspektivenübernahme und über-
nahm in Folge bis 2019 die stellvertretende Leitung des LMU Center for Leadership and
People Management. Im Jahre 2016 gründete sie mit KollegInnen die Munich Center
for Leadership GmbH, deren Geschäftsführerin sie seither ist. Frau Netzel berät und
forscht zu den Themenfeldern Führung, Macht und Konflikte. Seit 2018 lehrt sie zudem
an der International School of Management am Campus München und ist seit September 2019 Professorin für Psychology and Management.

International School of Management

Die International School of Management (ISM) zählt zu den führenden privaten Wirtschaftshochschulen in Deutschland. In den einschlägigen Hochschulrankings rangiert die ISM regelmäßig an vorderster Stelle.

Die ISM hat Standorte in Dortmund, Frankfurt/Main, München, Hamburg, Köln, Stuttgart und Berlin. An der staatlich anerkannten, privaten Hochschule in gemeinnütziger Trägerschaft wird der Führungsnachwuchs für international orientierte Wirtschaftsunternehmen in kompakten, anwendungsbezogenen Studiengängen ausgebildet. Alle Studiengänge der ISM zeichnen sich durch Internationalität und hohe Lehrqualität aus. Projekte in Kleingruppen gehören ebenso zum Hochschulalltag wie integrierte Auslandssemester und -module an einer der rund 190 Partneruniversitäten der ISM.

Mit dem ISM Working Paper werden Ergebnisse von Arbeiten präsentiert, wie z. B. Thesen, Ergebnisse aus Workshops oder aus eigenen Forschungsarbeiten. Ähnlich wie beim Research Journal for Applied Management, das ebenfalls zu den neuen ISM Publikationsreihen gehört, werden die Beiträge im ISM Working Paper einem fachlichen Bewertungsverfahren (Peer Review) unterzogen.

In der Reihe „Working Paper" bisher erschienen:

No. 1   Brock, S.; Antretter, T.: Kapitalkostenermittlung als Grauzone wertorientierter Unternehmensführung, 2014

No. 2   Ohlwein, M.: Die Prüfung der globalen Güte eines Kausalmodells auf Stabilität mit Hilfe eines nichtparametrischen Bootstrap-Algorithmus, 2015

No. 3   Lütke Entrup, M.; Simmert, D. B.; Tegethoff, C.: Die Entwicklung des Working Capital in Private Equity Portfoliounternehmen, 2017

No. 4   Ohlwein, M.: Kultur- vs. regionenbezogene Abgrenzung von Ländergruppen. Eine clusteranalytische Untersuchung auf Basis der Kulturdimensionen nach Hofstede, 2017

No. 5   Lütke Entrup, M.; Simmert, D. B.; Caspari, L.: Die Performance von deutschen Portfoliounternehmen nach Private Equity Buy-outs, 2017

No. 6   Brickau, R. A.; Cornelsen, J.: The impact of visual subliminal triggers at the point of sale on the consumers' willingsness to purchase – A critical investigation into gender differences, 2017

No. 7   Hampe, L.; Rommel, K.: Einflüsse von kognitiven Verzerrungen auf das Anlageverhalten deutscher Privataktionäre, 2017

No. 8   Brickau, R. A.; Röhricht, J.: Archaische Gesten im POS-Marketing – Die Nutzung archaischer Gesten in der Display- und Plakatwerbung, 2017

No. 9   Fontanari, M.; Kredinger, D.: Risiko- und Resilienzbewusstsein. Empirische Analysen und erste konzeptionelle Ansätze zur Steigerung der Resilienzfähigkeit von Regionen, 2017

No. 10   Schröder, C.; Weber, U.: Integration von Flüchtlingen in den Arbeitsmarkt als Chance für Diversity Management: Einführung und ausgewählte Beispiele im Kreis Steinfurt, 2017

No. 11   Zimmermann, N. A.; Gericke, J.: Supply Chain Risiko-management – Analyse des Status Quo und neuer Entwicklungstendenzen, 2018

No. 12   Haberstock, P.; Weber, G.; Jägering, C.: Process of Digital Transformation in Medium-Sized Enterprises - an Applied Re-search Study, 2018

Böge, Carlotta; Perret, Jens K.; Netzel, Janine:
Die Effekte der Zielorientierung auf den Berufserfolg – Erste empirische Befunde

No. 13   Potaszkin, I.; Weber, U.; Groffmann, N.: „Die süße Alternative"
Smart Health: Akzeptanz der Telemedizin bei Diabetikern, 2018

No. 14   Holthaus, L.; Horn, C.; Perret, J. K.: E-Commerce im Luxusmarken-
segment – Die Sicht deutscher Kundinnen am Beispiel Chanel,
2020

No. 15   Bingemer, S.; Ohlwein, M.: Mit Customer Experience Management die Digitalisierung meistern – Die Rolle von Unternehmens-
kultur und -organisation, 2020

No. 16   Gildemeister, C. C.; Mehn, A.; Perret, J. K.: Factory-Outlet-Center:
Discount oder Disney?, 2021

No. 17   Böge, Carlotta; Perret, Jens K.; Netzel, Janine: Die Effekte der
Zielorientierung auf den Berufserfolg – Erste empirische Befunde, 2021